JN438146

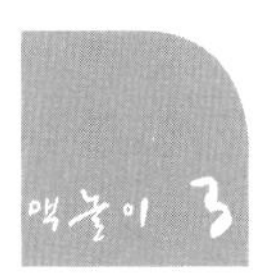

붉은 닭 레시피

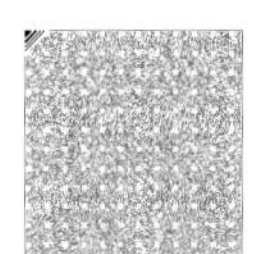

소리로 읽는 책

이 책에는 글을 읽을 수 없는 분들을 위한
점자 · 음성변환용코드가 양면페이지 우측 하단에 있습니다
별도의 시각장애인용 리더기 혹은 스마트폰 보이스아이 어플을 사용하여
즐거운 시 감상이 되기를 바랍니다
voiceye.com

맥놀이 3

붉은닭레시피

2016년
맥놀이
제3집

맥놀이창작동인회

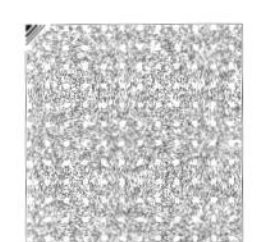

■ 여는글 ■

기억의 기록

'맥놀이창작동인' 3집을 구상하고 2집 동인지를 떠올릴 때 드는 의문 이었습니다. 잊지 않기 위해 만들었습니다. 만들고 보면 우리의 생각 나무가 얼마나 자랐는지 건실한 사고를 가졌는지 장래성이 있는 발전인지 기록을 통해 확인하게 됩니다.

시의 길을 따라 책 속으로 들어갑니다.
양쪽으로 펼친 책 가운데 계곡 같은 길이 납니다.

가로로 이어진 글과 글 사이의 행간은 이랑이 되고 이랑과 이랑 사이에 질서 정연한 말들이 씨앗처럼 박혀 읽어줄 사람을 기다리고 있습니다. 들짐승 같은 벌레가 밭과 같은 종이를 파먹기 전에 모두 읽고 소화해야 합니다. 먹은 씨는 마음 밭에서 자라납니다. 누구의 것을 먹어야 하는가. 참된 썩지 않을 씨를 찾아 주위를 두리번거립니다. 영혼이 닿을 거리에 그렇게 찾던 산삼 같은 시가 있으면 좋겠습니다.

우리의 개성이 모여 큰 울림이 되었습니다. 그리고 가족이 더 들어왔습니다. 시를 사랑하는 사람들이 더 많이 생기기를 소망합니다. 그보다 시처럼 아름다운 사람이 더 많은 세상을 꿈꿉니다. 우리의 맥이 더 크고 넓고 깊고 멀리 울리기를 소망합니다.

2016. 4. 30.

맥놀이창작동인회 회장 김 재 현

차 례

◆ 주제시 _ 캐릭터詩

◆ 최민수

◆ 엄 순 미

◆ 송 재 경

차례

◆ 이 숙

◆ 김 재 현

◆ 전 용 숙

◆ 송 동 현

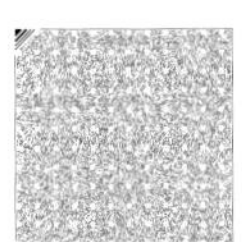

내 뺨에 날아든 주걱

아픈 살 비벼보지만

마취 풀린 아침

흥부라는 사실을 잊자

추체시

캐릭터詩

김재현
이 숙
엄순미
송재경
전용숙
송동현
최민수

맥놀이

어린 왕자

- 정신병동 B-612 추락 사흘째

김 재 현

쿵, 또 너냐
사막 여우는 혹이 난 머리를 긁적였다
아직도 나를 길들일 준비가 안됐니?
팔뚝은 하루에 마흔 세 번이나 나이를 먹고
모래사막은 길들여진 적이 없다

어린 왕자는 보아뱀을 잡아먹고 자기 별로 돌아갔다
사라진 P38 항공기 그는 마르세유에서 한줄기 별이 됐다
보아뱀은 코끼리를 잡아먹고 전쟁은 사람을 잡아먹는다
어린 왕자를 기다렸다 실은 생텍쥐페리를 기다렸다

보아 뱀이 뿌리 뽑힌 링거걸이 바오밥나무를 감았다
"뱀은 자꾸 코끼리를 주사해" 한마디 하고는
금간 벽 잎 몇 개 그린 장미를 쓰다듬는다
간호사가 주사 바늘을 뽑으니 뱀의 이빨자국 선명하다

약기운에 벽에 그린 꽃송이가 천정에서 돈다
귓가에 모래바람 소리 B-612 침대에서 또 떨어진다
휴전중인 지구가 모래사막을 긁적이며 눈을 떴다
이 행성은 평화를 가져올 어린 왕자를 기다린다

바보

이 숙

당신만이 나를 진정한 사람으로 존중해 주었고
진실로 사랑해 주었습니다

멸시와 조롱으로 바보라 불리고
생김새는 두 눈이 크기가 달라 정상을 벗어나고
턱은 유난히 길어 비정상적이고
이 집 저 집 동냥으로 배를 채우는 온달입니다

나 같은 사람에게도 운명처럼 다가온 사랑
빛깔은 육감의 혼합처럼 희망의 금빛이 쌓이고
무한한 빛이 되어 열정의 무사로 만들어 주었고
조건 없는 사랑 침묵으로 답해준 당신

내 사랑 평강공주여!
그 자리 변함없는 내 가슴의 십자가
꺼지지 않는 그대 곁에 머무르게 해 주오
그 꽃 향기롭게 그대에게 내 영혼 다하리

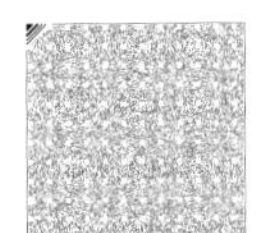

우몽
-잭과 콩나무

엄 순 미

1000일 전 산밤을 줍다가 묘하게 일그러진 채 반짝 눈에 들어온 열매 하나 냉큼 주워 호주머니에 넣었지 그 후 며칠이 던지 만지작만지작 윤나던 그것 바로 화장품 파우치에 옮겨놓고 잊고 살다가 오늘 우르르 쏟아놓은 화장품들 사이로 빼꼼 처음 모습 고대루 얼굴을 내밀길래 이 녀석 봐라 싶어 화단 쪽으루 던져주었다

가물던 끝 비가 오시던 밤이었나 보다 5층 베란다 창으로 쓔욱쑥쑥 자라오르는 큰 나무줄기 하늘로 향해 뻗고 있잖은가 그리고는 얼마 후 내려오다 멈추는 커다란 두레박 창을 깨는 소리 함께 한순간 회오리바람에 끌려가듯 무거운 내 몸 두레박에 담기자마자 눈을 질끈 감았다 뜨니 순식간 구름 속 평지다 푸른 평지엔 노래하듯 개울물이 흐르고 키 작은 나무들 섬섬 서 있는 쪽 낮은 지붕의 집 하나 문밖으로 자기 키보다 큰 들꽃다발을 들고 난쟁이 남자 하나 서있다가 달려온다

가쁜 숨을 헉헉대며 내 배꼽만치 오는 얼굴 들어 1000일을 기다렸다고 환하게 웃는다 가지런한 흰 이처럼 흰 눈망울이 그곳엔 지상의 모든 걱정이 없다 말하고 있다 초원을 가로질러 집 안으로 드니 향내 나는 풀 한 접시 내놓으며 그 풀을 먹으면 시간이 멈춘다 한다 풀을 한 줌 입으로 가져가다가 '난 며칠 전부터 소고기가 먹고픈데…' 라고 생각하니 그가 바로 커다란 소가 된다 놀란 눈으로 소를 보며 풀을 입안 가득 넣고 씹으니 달디달아 어쩔줄 모르겠고 또한 먹고 싶던 소를 보니 침이 줄줄 입 밖으로 흘러나와 베갯보를 적시는지 볼따구가 척척해 츄릅 눈을 뜨고 머리맡 핸폰을 여니 새벽 두 시

꿈이다
에혀
몹쓸 소꿈

레 미제라블

송 재 경

한국 역사 속 침묵하는 자베르들
광주사태와 시위에 투입된 특수부대 군인과 전경
유신시대 정보부 안기부 기술자 저승사자
간첩은 본 적도 없는데 간첩이라던 법조인
민족 만신창이 만든 분단과 전쟁의 주범들

빵 하나 훔치고 19년 수감생활
진실은 빵 절도 사건 처리 중 무단 사냥으로 5년형
4번 탈옥 추가 형량 중 가석방

은혜 베푼 미리엘 주교의 은 식기 훔친
배은망덕 절도범이 은촛대까지
존경받는 마들렌 시장님
법정에서 장발장이라 양심선언
무기수 24601 또 탈옥 영원한 도피

투철한 직업 정신 나라에 충성
20년 쫓던 장발장 놓아줘도
도망자가 살려준 악랄한 경감 자베르란
난 영원한 레 미제라블

이웃나라 도운적 있으나 침략은 없었다는 일본
애당초 정부 위안부는 없었노란다
사죄와 배상은 안 하고 보상만 가능하다네
일본어 상용과 창씨개명의 민족말살정책
자베르 체제에 갇힌 가련한 존재
넌 영원한 자베르

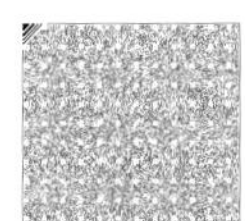

가지 않은 길

전 용 숙

떠나는 왕자의 모습이 숲 안개에
숨을 때까지 서 있었다

왕자의 강렬함 대신
난쟁이들의 지긋하고 든든함을 택해
일곱 개의 손과 발이 되어주는 일상에
공주였다는 사실을 잊어
백설은 난쟁이 촌의 여왕이 되어 있었다

한결같은 헌신이 당연하던 날
첫 번째 난쟁이가 병석에 눕고
줄어든 수입을 위해 약초 캐기까지
백설도 난쟁이 일원이 되었다

수입의 분배는 갈등의 시작
함께 먹고 버는 문제는
힘이 없어진 늙은 벌목꾼 난쟁이에게
생계를 책임져야 하는 입의 개수만
가슴에 남아 하루는 늘 길었다

허술한 식생활에 또 다른 병자가 생기고
세월은 백설도 피해가지 않았다
옛사랑이 왕이 되어 찾는다는 말
처음처럼 물리치지 못하는 마음
난쟁이들도 눈치채고 있었다

멀리 안개 숲에 왕이 된 이의 모습
백설은 그 자리에 서 있었다
왕은 서서히
아주 천천히 백설의 곁을 지나갔다

"아, 나오지 않았구나
백설 부디 행복 하시오"

finish

-미안해

송 동 현

"달려달려, 화이팅!"
"할 수 있어"

나와 상관없이
정해져 있는 게임의 룰
달렸다, 달리라니까 달렸을 뿐
이길 수 없는 게임보다
조롱의 눈초리가 더 싫었어

난 거북이인데 아는데
아는데도 달려야만 했지
부모를 탓하리요 나를 탓하리요
게임의 룰을 탓하리요
난 거북이인데

지기 위해 달리는 비참함
파란 하늘을 뒤집고 수영을 하고 싶었어
그럴 수만 있다면 멋지게
바다를 유영할 텐데
파도를 자유를 느끼고 싶어

하지만 내가 뒤집을 수 있는 건
내 몸도 아닌 손바닥 뿐인걸
이겨도 이긴게 아니야

잊어버리자

최 민 수

내 뺨에 날아든 주걱 하나
아픈지도 모르고 왜 맞았는지도 몰랐다
뺨에 묻은 6,030원의 잔재들만 남아있다
볼살을 문지르고 아픈 살 비벼보지만
아픈 건 어찌할 수가 없다
마취 풀린 아침
내가 밥주걱에 맞은 흥부라는 사실을 잊자

내가 아픈 건 참을 수 있지만
내 새끼들이 아픈 건 못 참겠더라
그래서 내가 더 아파야 한다
가장 좋은 방법은 지금의 현실을 지우는 것
다 지워도 내 뺨에 6,030원은 남는다

잊어버리자 사막의 모레가 물을 잊듯
아침에 태양이 별빛을 잊듯
촛불 하나가 창문의 바람을 잊듯
깨알같이 써 있는 내 머릿속에 네 이름을 잊듯
자고 일어나면서 어제의 태양을 잊듯
뺨을 맞으러 매일 출근길에 서 있다

맥놀이

최민수

1995년 《르네상스》지로 작품활동 시작
맥놀이창작동인회 회원
방송통신대학교 국어국문학과 재학중

세 칸 세상 앨리스
후회
막걸리
야간산행
화분 그 한가운데서
적목
가을 아낙, 그의 노래
10월 8일 정문 435호
오아시스 그리고 발레리나
사십구재 다녀오는 길

혼자라는 시간이
떠나간 그 사람 얼굴 떠올리며
참아왔던 눈물이 폭탄처럼
내 기억 속 풍경 한 칸을

세 칸 세상 앨리스 외 9편

최 민 수

다섯 평 남짓 내가 할 수 있는 일은
셋으로 갈라진 세상 밖을 보는 일이 전부이다
도토리 하나를 먹기 위해
30년째 쳇바퀴를 돌고 도는 다람쥐
시선은 고정되어 있고 발과 손만 움직이는
쇼윈도우의 마네킹
그것이 나 앨리스의 하루이다
가끔 바늘을 피하지 못한다
손가락 끝 붉게 피는 꽃잎이 점점 커지고 있다
천 가지 기쁨을 위해
만 가지의 자신을 버려야 했던 날들
따뜻한 눈물 한 방울을 위해
열 가지 분을 삭여야 했던 순간
남겨진 것은 형광등 불빛에
노랗게 익어가는 내 눈동자 하나
이다음 삶을 위해 남겨 놓는다
많은 것들을 잃어야 얻을 수 있는 그 하나

후회

- 세월호 참사 2주기

2년 동안 파도가
내 눈물을 먹고 자랐다

이불을 걷어차고
잠투정을 부리던 내 아들
엄마 립스틱을 몰래 바르고
숙녀 행세를 하던 내 딸

바람이 써놓고 간 그 시간
내 눈물이 되었다

좋은 운동화 한 켤레
못 사준 게 후회가 된다
예쁜 옷 한 벌 못 사준 게
후회가 된다

이렇게 남겨진 눈물이
파도가 된다

막걸리

비

어제와 같은 색 옷을 입고 있던 하늘
아직도 같은 옷을 입고 있다
막걸리 파전 한 접시 생각나는 밤
추억 한 잔 담을 곳 없던 날들 쟁반 위에 나온다
울컥하는 마음에 다시 돌아본 창밖 풍경
혼자라는 시간이 빗물 속에 잠길 때면
떠나간 그 사람 얼굴 떠올리며 두 손 모은 그 시간
참아왔던 눈물이 폭탄처럼 터졌던 순간
내 기억 속 풍경 한 칸을 생각하며 한 잔
하얀 세상 속에 담겨있던 당신의
얼굴에 또 한 잔

막~ 걸리겠지요

야간산행

구름이 쳐놓은 결계 속에 비
소나무 뺨을 비껴치는 검은 물자국
지금 내 눈은 두 가지 색 이외에는
그 어느 것도 찾을 수 없다
두려움에 작은 빛이라도 찾으려 고개를 들고
나를 보는 발걸음 소리 그 힘겨움을 멈추고
주저앉는 것도 허락하지 않은
젖은 땅덩어리의 훈계 매섭고 무섭다
어디선가 알 수 없는 산짐승 소리
노송의 작은 그늘이 그저
나를 쉴 수 있게 할 뿐

아침은 언제 오겠다고 약속한 적 없다

화분 그 한가운데서

버려진 창틀에 매달린 하루
같은 땅에서 태어나
같은 밥을 먹고
같은 숨을 쉬는데

그 누구는 죽어 소멸하고
그 누구는 꽃을 피운다
알 수 없는 이야기
그 생명 하나

너는 오늘 하루
세상에 남겨지고
난 오늘 하루
누군가의 가슴에 남겨지고

적목(赤目)

세상이 모두 붉은 색이라고?

나를 보라는 것이 아니야
붉은 색에도 밝음은 있어
내 얼굴을 보고 내 몸매를 보고
내 왼쪽 가슴
그곳에 시선을 두라는 게 아니야
붉은 밤 속에 갇힌
내 마음을 보라는 거야

내가 입은 드레스를
붉은 색으로 보는 당신은 미친놈
원래는 모두가 흰색이야
당신이 입은 옷도
들판의 가지들도
산을 배회하는 바람 소리도
모두가 원래는 흰색이야

당신의 눈동자만 흰색이 아니야

가을 아낙, 그의 노래

땀수건 하나를 목에 걸고
오늘도 우리 집 누렁이는 일터로 나간다
질질 끌려 다니는 기린 두 마리
햇볕에 타버려 재만 남았다

일 년 내내 땀과 눈물로 키운
자식들의 영결식을 치르는 날
움츠린 마음 조금이나마 달래주려고
한 손에 쥐워 준 소주 한 병

붉은 자식을 땅에 묻었다
파란 자식을 손에 움켜쥐며 눈물을 흘렸다
한숨 소리를 하늘에 날려 보내는
천도재를 끝으로 우리 집 누렁이는 말이 없다

딸의 손에 콩 서 말
아들의 어깨에 쌀 두 가마
그것만큼은 잃지 않겠다던
우리 집 누렁이의 노래를 따라 부르던
나는 가을 아낙

10월 8일 전문 435호

자식이 어머니를 버렸다
건청궁 돌담을 그렇게도 넘고 넘었던가

활짝 열린 대문
고무신 소리 대신 들려오는 나막신 소리
침묵도 숨을 멎은 그 순간
빨간 머리의 그들이 왔다

시퍼런 서슬에 달도 놀란 순간
허공을 가르라 말했던 칼 빛은 무심하게도
기도를 빗겨나갔다

밤도 익고 대추도 익어가던 농염의 가을에
어머니의 두 눈이 익어갔다

누구 하나 분하게 생각하지 못하고
누구 하나 억울하게 생각하지 못 한
그 아픔을 누가 잊으랴

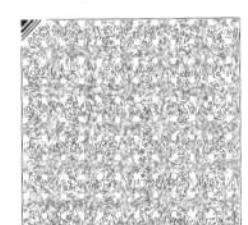

오아시스 그리고 발레리나

나는 새벽이슬을 노래하는 발레리나
엄지발가락을 곧게 세우고
현란한 몸짓을 자랑했지

내 몸을 추켜세운 두 기둥은
깨어나지 못하는 이 새벽을 방황 중
때 묻은 발레복이 검게 물들기 전
많은 것들을 떠나보낸 발레리나

세월을 무게를 감당하지 못해
중심조차 못 잡고 몸 기댈 곳을 찾는
외로운 발레리나

나를 향해 박수쳐주던
남편과 자식도 떠난 내 인생 무대 위
낡고 초라한 수레 한 대만 남았다

내 공연 관람료는 70원
대형 슈퍼마켓 앞과 시장통
다 낡은 발레 슈즈 하나가
춤추는 세상에 여백은 없다

내게 눈물은 없다
사막에 비가 오지 않는 것처럼

사십구재 다녀오는 길

태산을 땅에 묻고 뒤돌아서서 눈물을 닦습니다

아버지의 삶이 내 역사가 되어버린 그날
사십구일 동안 보내드린 휴가
살아생전 단 한 번도 보내드리지 못했는데
여윳돈이라도 더 드렸어야 했는데
이젠 더 드리고 싶다고 드릴 수 없습니다
좋은 기억 있던 곳만 다녀오시라
꼭 말씀드렸어야 했는데 이젠 듣지 못하십니다
멍청한 손으로 답답한 가슴을 쳐봐도
돌이킬 수 없는 순간들이
스펀지에 스며드는 물처럼 가슴에 차오릅니다
인생이라는 사글세를 사셨던 내 아버지
친구들과 놀던 좁은 골목에
배달통 하나 손에 쥐고 나타나셨던 내 아버지
입술 사이로 녹슨 철 못 몇 개를 물고
한 손에는 망치를 들고 계셨던 내 아버지
새벽녘 술 취한 아들이 잘 들어왔나
지켜보시던 그 아버지
이젠 직장 잘 다녀오겠습니다 라고 외쳐도

인사를 들어주실 아버지가 없습니다
하얀 가루로 남아
저 세상으로 떠나가신 내 아버지

내 가슴 속에 응어리진 내 아버지

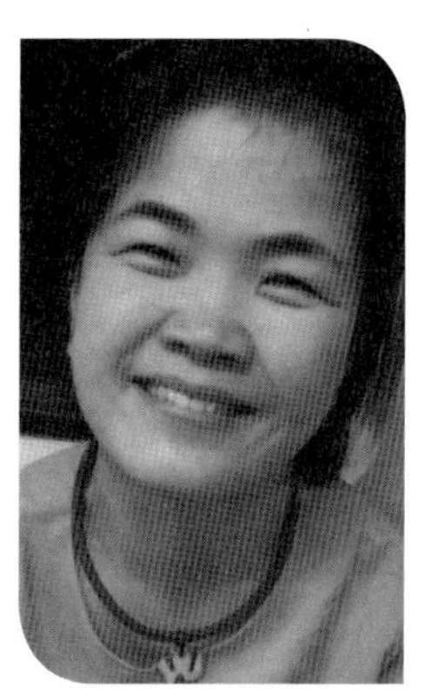

맥놀이

엄순미

성균관대학교 불어불문학과 졸업
맥놀이창작동인회 부회장
제1회 개인전 〈몽심의 노래〉전 외 5회
해외부스전 3회, 단체전 다수
한국미협, 고양미협, 고양여성작가회
임진강회 회원

시간이라는 기차를 탔다
정해진 종착역은 사망
천지사방 흩어진 역들을 지난다
시들은 내게 어떤 간이역

나무관두오보살 외 9편

엄 순 미

하늘이 덥석 나무를 물었다

강 위로 내리는 햇살 조을고 물속 풀들 침묵하여도
물린 아픔 온종일 통증 전해오도록
나무는 하늘에게 맘과 몸 뺏긴 채 사는 일도 괜찮다 여겼다
여지없이 들어차는 허공을 뚫고 삐뚤빼뚤 가지 하나 자라고
잎들 무성무성 4월이 갔다
하루하루 아무 일 없는 듯 빠르게 지나갔다
무표정한 내면 온통 차지할 길 없는 너른 품에 잠겨
허우적허우적 나무가 초록으로 지쳐갈 때
잦은 봄비 초록 물 뚝뚝 눈물처럼 흐르고
나무는 허공을 버리고 우뚝 서 꽃피우고 열매 맺고
반짝이던 잎들도 훈장처럼 버리기로 하였다
먼 먼 하늘 끝 닿을 수 없는 간격 그대로 두고 이제
나무나무는 발아래

방아꽃을 사랑하기로 하였다

잘못 적힌 주소 같은 사람아

빈 자루에 낯선 주소가 적힌 종이짝만
그득 담아 매고서 날마다 길을 떠난 그대는
애초에 몸을 갖지 않았다
허공을 도막 내는 바람에게도 섞이지 않는 눈빛
캔바스를 뚫고 흐르는 물감 고름이 되는 그때
생각 이전으로 자꾸만 되돌려놓는 그대의 시침은
세상 것에 눈멀어 팽팽 돌아가고
허약한 단백질 빠져나가는 소리 훠이훠이
잠적한 그림자는 돌아오지 않는다
더욱 외로워지는 육신 후적후적 후미진 산 틈
뒤적이는 시간에 가버린 사랑은 외줄을 타고
포개질 줄 모르는 그림자여 어쩌란 말인가
이미 버리고 남은 시간일랑 노을에게 주고
아픈 이빨들은 차례차례 뺀지로 잡아뽑고
꼬챙이로 남는 정신줄로는 돈이 되지 않는 새끼를 꼬자
지푸라기처럼 가벼운 삶이여 삶이여
무차별 부어지는 낮술은 벼르던 내일
쥐고 떠나야 할 주소가 적힌 종이들을 적시고
잉크는 번져 되돌릴 수 없는 얼룩이 되었지
얼룩을 들고 그대는 몇 번인가 울었으리
잘못 적힌 주소 같은 사람아

코끼리와 소경

지독한 안개 웅텅뭉텅 터널을 이룬 날
마을을 벗어난 코끼리
세상에 태어나 가장 느린 걸음으로
바나나 나무를 찾는다
목에 건 나침반은 고장난 지 오래
안개가 없는 곳곳으로 향해가는데
오만 잡생각이 생각을 끌어내 오던 중
작은 티끌에도 자꾸 걸려 넘어진 단어들 무덤을 이루고
무덤은 섬처럼 안개에 갇힌다
뉴스에서는 연일 안개속보가 이어지고
걷히지 않는 안개 안개 안개
안개안아안개안아
길고 긴 안개 터널을 터덜터덜 걷는 오늘도
코끼리는 바나나 나무를 찾을 수 없는데…
저만치서 지팡이에 끌려오는
머리 희끗한 소경 하나

악의, 꽃

너는 꽂혀있다 닿으면 데일 듯 검은 용솟음 가까이할 수 없는 시간의 묘묘 떠올리기만 하여도

솟던 불똥 감추어 속곳 깊숙이 찔러두고 검붉은 눈빛 낡은 폐부로 스밀 때 이미 문턱을 넘은 향 뚝뚝

사방 넘실댄다 내리는 햇살도 가릴 수 없도록 만물이 환희의 귀를 열고 열락의 섬 그곳에 우뚝

죄악이 되는 형벌 같은 소금결, 넘을 수 없는 장막, 그 자리 그대로 소금기둥이 되어도 불 · 현 · 듯 뒤돌아보고픈

너, 너는 또다시 잊었던 절창이 되고 노래의 심장에 너를 둔 채 얼마큼 남은 고단한 삶은 살아내지기도 하리라

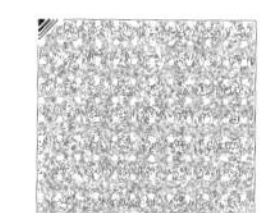

소금솥

내 지은 죄를 네가 알 리 없는데
소금솥에 눕혀졌다
난생처음 물을 떠나 숨고르기도 벅찬데
까칠한 왕소금 살을 쏘는 화기는
갑옷 같은 껍질을 파고든다
있는 힘껏 퍼덕이는 동안
동지, 하나둘 까무러친다
바다경 한 줄이 지나간다
쓰잘데기없이 격렬하던 고래 싸움이 떠오르고
허구헌날 그들만의 용궁을 꿈꾸던
멸치들의 노래도 아련히 들려오나 싶을 때
긴 수염과 꼬리가 먼저 지쳐 죽고
신기한 붉은 화석을 바라보듯
검은 눈두덩이들 콧구멍까지 벌룽이며
연화지옥 유리 뚜껑으로 모여 오고
저 너머 바다인가 싶던 푸른 하늘이 샛노래진다
붉디붉은 대하마을의 침묵 속으로 억겁이 흐른다

오독

상황은 종료됐다

생애 첫 안개를 만난
어린 소낭구의 여린 속마음
간들거리고 가던 바람의 꼬드김도
그저 햇살 좋은 날의 하소연이었던 것을

이 · 제 · 는 · 안 · 다

속말로 곱씹던 한쪽 당신의 등 부위별 떠오르던 그리움
꺼내지 않을 이불 개키듯 마음 밖 장롱에 두고

다른 곳을 향해 가는구나

지독한 안개의 착각에 들었던 소낭구
성장판을 열어 한 뼘 자라고
아직 긋고 지나야 할 허공 공활하여 슬프다
그동안 읽어온 오타투성이 당신

흰머리 삐죽 모 나오는 난독증 왔다

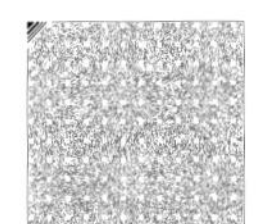

눈길, 그 눈물

그날 햇살은 할 말을 감추고
뒷담 돌 밑으로 자꾸 기어들어갔다

숨소리 작은 꽃들, 금옥이 은옥이
그 트럭에 태워질 때까지
바람은 높은 산등성이 조용히 오르고
마을 사람 아무도 소리치지 않았다

잡혀가는 꽃들 잡아가는 짐승들
동공 속 불안한 기류는 핏발서고
누구에 의한 누구를 위한
명분도 모른 채 찢어 터지도록
가랑이를 벌려야 했다

여린 살 점 뚝뚝 떨어져 나가도록
왕래하던 살덩어리들의 이질감
어금니는 부서지고
웃말 동수에게로 피어나던 마음 한쪽
너덜너덜 나부끼다 사라져버렸다

통곡으로도 부술 수 없던 시간
스스로 지는 꽃들 북망산천 헤매이고
부지불식간 겨누던 왜놈의 총부리
거기서 죽을 수 없는 일념 하나 발에 붙이고
고향으로 오던 길 너는 죽고 나는 살아

금옥아 너의 눈무덤은 따뜻했을까

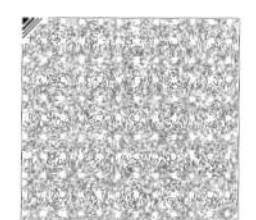

뒤주의 눈물

내 온 숨을 토하다 토하다 스스로 박살 나고도 싶었거늘 네 아비처럼 이미 견고한 나는 힘이 없구나 흰 쌀알로 쪼개지는 너의 접힌 몸 그걸 호흡하는 건 내 생애 최고의 고문 하늘이 울어 비 내리던 날 땅이라도 쑤욱 꺼져 가라앉고도 싶었다 그러지 못하여서 그러하지 못하여서 들이쉰 숨 내뱉지 않기로 한다 육신의 고통 트더지는 너와 함께 몇 날 며칠 검은 얼굴로 타죽기로 한다 얹혀진 띠장의 무게 하도 무거워 노하는 하늘 자락 하나 보이지 않고 네 아비의 역노만 살 끝으로 울리니 마지막 실낱같은 숨 한 올 접어들이는 너의 정수리에 내 검은 눈물 떨구누나

너를 가둔 네 아비는 짐승이구나

부디 거기
버리고 버리고
부서지며 내주는 햇살처럼
어떤 증오도 없거라
어떤 여한도 없거라

탁, 집중

없다
있·다·가
없다
칼이 바람처럼 지나간 자리
그 오랜 자국들 먹어치운 귀신들
함께 젓가락질을 하는 일상
내준다 모든 오류
상황은 훨씬 빨리 도막나
집어 먹힌 자리

흔적 없·으·니—

몸뚱이 하나
휘적거리는 풍경 뒤로
차라리 허공에 둔 깃발만 하리
들숨 날숨 맡긴 천원天元
일순 기화되는 호흡
있다
없·다·가
있다

내 사랑 꽃잎, 등 뒤로

꽃의 등을 보았나요 그대
시들기 위해 한나절을 웃는
무시로 지는 일 하도나 별일 아니어서 그대는
잘 가란 인사도 하지 않지요
밥 먹듯 이별을 하고
밥 먹듯 마주 서요
그대와 난 아직도 도망 중이죠
우리가 진정 만난 적 있던가요
아주 먼데서 온 손님처럼 서성거리는데 그대
문밖에 꽃이 져요
신을 벗듯 이별을 하고
신을 신듯 마주 서요
그 밤 그날 그곳 그 눈길 그 절정 그 울음
꽃이 데려가네요 꽃잎, 등 뒤로 그대
있었나요 우리의 사랑 바람에게 물어요
사라지네요 그대 점점 조용하네요
시간이 달력을 찢고 이별 하고
달력이 시간을 품고 마주 서요
그대, 꽃잎 등 뒤로

맥놀이

송재경

서울장로회 신학대학교 졸업

장로회 신학대학원 졸업

맥놀이창작동인회 회원

봉숭아 꽃잎

희들희들 말리려다

달궈진 항아리에

고사리손 화들짝

햇볕 외 9편

송 재 경

빨랫줄에 걸린
이불 속으로 꼭꼭 숨었다
솜사탕 이불 선물한
요술쟁이 햇볕 단짝 된 꼬맹이
까르르르 달콤한 가슴

봉숭아 꽃잎 희들희들 말리려다
달궈진 항아리에 고사리손 화들짝
간장독 빨간 고추 메주
까만 숯 헤집고
까치발로 숨은 해를 찾는다

숨구멍 지기

배꼽 번호 꾹꾹 누르면
정겨운 이를 대령하는 너

오지의 아옹다옹 한 많은 사연들
부대끼며 오체투지로 살아간다
두메산골 동반자 되기 위해
피에로는 네 귀에 대고
"집사님 입은 거위 주둥이"라 속삭인다
침묵의 찌끼를 꾸역꾸역 토해내도
15년 시골살이 숨구멍 지기

신음소리 한 번 없이 삼키는 너
고맙고 부끄럽구나 친구여

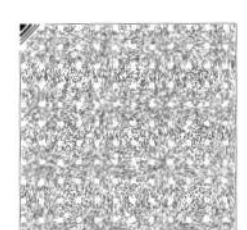

바가지

보리밥 몇 술 배고픔도 아련한 그리움
취나물 씀바귀 푸성귀 열무김치 고추장
객식구 섞어 숟가락 꽂은 후덕한 밥상
헉헉 고갯길 물동이 찰랑찰랑 길동무해줬지
수줍은 나뭇잎 건네던 정이 철철 새던 물바가지
깨진 시집살이 정으로 꿰매고 또 꿰매던
그 바가지 시절

일회용으로 대치되는 이 삭막한 시대

춘천행 기차

작달비 벗 되던 날
장대비에 밀려 텅 빈 객차의 적막감
차창의 흐느낌 심연 폭포수

쌍무지개 띄워 보렵니다
작별도 기약도 못 한 한
영별 이으러 갑니다

온몸 장맛비 맞으며 달리는
네 심장 느끼고파
비 오는 날엔 춘천행 기차를 탑니다

그림자

호롱불에 일렁이는
시커먼 괴물로 다가오던 꾸러기
전깃불에 그림자를 놓치고 만다
어슬녘의 만남
너와 나 꼭짓점은 땅을 디딘 발바닥
빛바랜 꿈을 대지에 꽂아
아지랑이로 피어오르게 하자꾸나
나는 무의식 너는 의식
사람다운 세상 향해

종이비행기

비행기야 비행기야 부디 날아다오
날아서 날아서
할머니 한숨 속에서 만나는
북으로 끌려간 삼촌 소식 알아오렴

번번이 추락하는 날개
숙인 고개 다문 입술
양 갈래 꼬마는 남몰래
높이, 높이 비행기를 날려봅니다

사진 한 장 얻어다오

핏빛 꽃숨 심장을 튕긴다

굽은 등짐에 끌려가는 수레
떠밀림 외침의 파동
인파에 숨은 거대한 생명바퀴
남대문시장 네거리에 선다
인생풍선 바람 빠진 날

새벽시장
핏빛 꽃숨 심장을 튕긴다

학춤아 어디

학춤 추는 가슴아, 가슴아

홀아비 심금에서 깊은 밤 산골짝 울리는 대금
물안개 몽게몽게 피는 산사 은밀한 종소리에 숨었나
용재 오닐의 애잔한 비올라 '섬집아기' 오선보
산마루 만월 품은 동짓달 청아한 호수를 찾아갈까나
깎아지른 칼벼랑 운무 감싼 학춤 날개에 얹혔나
한여름 붉은 바다 외딴섬 점령한 낙조

어떻게 마음을 볼꼬
어디 다시 만날꼬

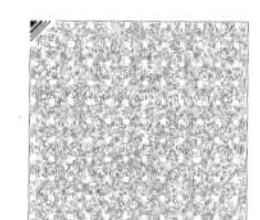

견견지로犬犬之勞

외진 산골 도로변에 탈진한 녀석
주인 만나리란 기대감에 비척
달리는 차창 눈꼽눈으로 검문
앙상한 뼈 힘없는 숨

세상 떠난 지 삼년된 할매
번잡한 시장통 삼거리 정거장에서
해 저물면 빈집 지키러 돌아오는 녀석
영정의 얼굴 핥는다

저 녀석 앞에 부끄러운 무릎

목욕탕

살굿빛 젖내가 앙금엉금

살포시 닿는 옴지락 꼼지락
뽀얀 수증기에 숨은 수선스러움
젖니 두 개가 앙증맞게 윙크
천진한 순수뎅이들과
마냥 눈맞춤 하고픈 소망

식은 지 오래된 목욕탕 저 굴뚝

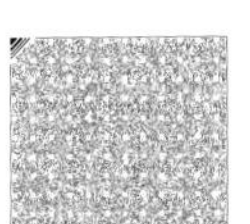

맥놀이

이 숙

덕성여자대학교 및 동대학원 동양화과 졸업

개인전 11회, 부스전 10회, 단체전 91회

해외전 뉴욕 스위스 파리 일본 중국

신흥대학 강사 역임

한국미협 세계미술교류협회 회원

미술은 색과 조형언어를
시는 글로 표현하는 작업이다
상상을 다른 영역에 덧칠을 하며
자유로운 춤을 추고 싶다

봄바람 외 9편

이 숙

바람은 뺨에 스치는 향기로운 햇살
날갯짓 소리에 움트는 고운님 매화꽃
옹기종기 살랑거리네 노란 개나리

벚꽃 옷 만들어 그녀에게 입히는 봄이 오면
그녀에게 고백할 봄 봄봄 봄이 왔어요
봄바람이 불지 않는 날에는

너 아닌 다른 사람에게 눈길 주었던 일
아프게 했던 기억들 잊어 달라고
미안하고 나에겐 너 뿐이란 걸 알게 되었어

우리 만남이 너와 나의 운명이란 걸
벚꽃 날리며 사랑으로 너에게 고백한다
너에게 고백한다

내 마음에 널 만날 수 있다는 것이 봄바람이었음을
한 번만 더 내 눈 바라봐주오
내 손잡아 나를 안아주오

허상의 꽃웃음

상처로 말라버린 마음 한자리
바람에게 묻는다

무수한 변화는 바람에 흔들리고
하늘로 하늘로 허공을 맴돌고

바람이 거세게 불어와 나뭇가지는
찢기고 부러지고 떨어져 나간다

사람과 이해의 고리가 원을 그리고
서로의 마음과 마음 허상의 꽃웃음

바람아, 바람아 너는 아느냐
허우적거림을 잡지 말고 놓아라

상처로 말라버린 마음 한자리
바람에게 묻는다

잘 살아다오

오늘 너의 방문을 열어보니 너 떠난 빈자리
알 수 없는 눈물만 흐르는구나
함께했던 날들 그리워지고
너의 목소리 들리듯 미련이 헤매는구나

세상은 녹록지 않아 녹록지 않아

어미가 바라는 한 가지 잘 살아다오
잘 살아다오 너의 길 너의 행복 너의 인생
마음으로 전하는 가슴으로 말하는
감싸 안는 영혼의 노래

따뜻한 샛별이 되어다오

칼바람 부는 날 앙상한 가지
어미는 새끼 곁을 떠나지 않는구나

거울 속 추억

찬란한 달빛 울긋불긋 가슴 안에 등대 되어
추억의 메아리로 울립니다
창공의 시선 플라스틱 무생물 기억으로
거울 속 널 반추하며 네 안의 나와 마주한다
즐거운 것 좋아하는 것 잘하는 것
거울 속 꽃잎은 희망의 눈빛으로 윙크 한다
바람이 등 뒤로 속삭여 준다
중년의 징검다리 꿈꾸는 날 꽃씨를 뿌리라고

한 잎, 그리움

찬란한 붉은 빛 떠도는 물에
바람에 흔들리고
비 맞으며 흔들리고

달빛 아래 하얀 이 드러내고
꽃눈에 흔들리고
어두운 그림자 마음의 빛
가슴 안 꽃방석으로 그대를 부릅니다

달그림자 그리움마저 시려 옵니다
가슴으로 파고드는 찢겨진 상처들
휘파람으로 품어내는
그리움 한 잎

내 안의 풍경

내 방에 내가 없다

절절한 외로움 빛나는 고독
마음에 가득한 그대 향기
나를 향한 청명한 내 별빛으로
지친 몸뚱어리 고개 들고
한 마리 새가 날갯짓한다
푸드덕푸드덕 허공의 길을 찾아
영겁의 바람 소리 취해 본다
불 꺼진 어두운 방
벌어진 창틀 사이로
찬 손 잡아준 달빛 다발

그대 사랑하리

길

신명 나는 작가로 산다는 것
사막을 비추는 등대

경계의 눈빛으로 독사의 독으로
욕망의 집착 고독의 속닥거림

이젠 돛을 달고 모래 바다에
펜을 꽂으라고

인연

너는 내게 사랑
서로 다른 별에서
침묵으로 지켜온 날들 있었기에
세월의 눈꽃 피우고
눈비 맞으며 함께한 시간
나뭇가지는 찢겨져 뒹굴고
그 세계 무명의 나무는
물과 산 하늘과 바다 불과 땅
나와 다른

사랑해 그리고 고마워
함께해준 날들

화두

허상을 잡지 말고 놓아라
상처로 말라버린 바람에게 묻는다

바람아 바람아 바람아 바람아

하늘로 덩덩 맴도는
햇빛이 눈을 시리게 한다

욕망의 문

푸념의 색으로 상처받은 미움의 덧칠
퇴색된 사랑 미련의 눈물 실타래처럼 엉킨 열정
남겨둘 여백마저도 욕망으로 메워 가고 있다
내 안의 진주를 알아보지 못한 채
허공에 꽃나무 심으려 한다

내 머리는 백지가 되었다

맥놀이

김재현

월간 《스토리문학》 동화 부문 등단

월간 《문학세계》 시 부문 등단

맥놀이창작동인 회장

사랑방시낭송회 회원

밟히고 채이고
굴러다니는 울림에는
고요가 없다
많은 발자국들이
뒤이어 오는 발에 눌리고
다져진다

일회용투명장甲 외 9편

김 재 현

좌우가 없고 앞뒤가 없는 봄바람에 휘둘린다 일회용투명장갑 걸음보다 빠르게 울퉁불퉁 구른다 손길을 벗어나 길 위를 구르며 달린다 우리의 바람은 일회용이 아닌 정규직이다 따라가던 눈길이 장갑 되어 같이 구른다 구르던 장갑 허기진 빈속 바람으로 채운다 바람이 들면 누구나 잠시 甲이 된다

인어(人語)

빗물에 색기가 줄줄 흐르는 꽃

인어씨 담배를 문다 씨파알 한 모금 빨아들인다 그때마다 죽음의 언어가 목구멍을 넘어 영혼을 짓밟는다 살려고 욕하고 그 속으로 뛰어든다 안 아픈 언어 한 접시 추가요 힘든 젓가락질로 살점을 들어 올린다 미친 색으로 분탕질 쳐도 하수구에서 요동치는 쌍욕을 끌어 올려야 한다 詩팔~, 조까치 안 올라온다 육시랄 나는 지성을 사랑했다 맑은 빗물에 숨통이 트인다 시시한 몇 가닥 잡아 올린다 흰 종이 한 장에 가두니 달아나려 꼬리 친다 꽃 흐르는 가기佳期*색 물빛 몇 잘라냈다

밟아서 안 아픈 인어는 없다

* 가기(佳期): 아름답고 좋은 계절.

엄마

- 모찌즈끼 가즈

뇌출혈로 쓰러진 가즈의 마지막 말 "엄마"

그녀의 일생은 전쟁 같은 삶이었다
6 · 25 전쟁으로 서울에서 부산으로 피난 중에
갓난아기를 구하고 이를 계기로 전쟁고아를 거두었다
막노동과 거리의 이발사 때로는 피까지 팔아가며
50명 아이를 키우며 서울 명예시민상을 받았지만
그녀의 삶은 한국 땅에서 철저히 외면당했다
어두운 조명 속 가즈는 공연을 하는 내내 눈물을 흘린다

일본인으로 한국에서 전쟁고아를 자녀로 입양하고
한국 아이들에게 엄마로 헌신한 믿기 힘든 현실 속에
모찌즈끼 가즈는 일본에서조차 제대로 조명을 받지 못했다
양쪽에서 외면한 여자가 엄마가 되었고 나는 그녀의 고아다
객석에서 고아들의 나지막이 흐느끼는 소리
체면에 울지는 못하고 흐르는 눈물만 자꾸 닦는다
울고 있는 이들의 눈물이 위로가 되어 그녀를 덮어주기를

恨 시대의 어머니 모찌즈끼 가즈 감사해요

마지막 편지

필요 없는 부분에 쏟아내는 잉크는

검은 침묵의 마침표 ●

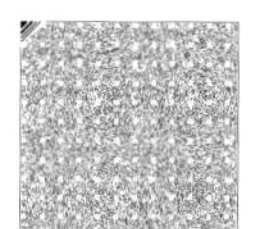

종이비행기

표준 OCR*로 무장하고
고객에게 호갱**이 되지 않도록
구겨지거나 더럽혀지지 않게 날아온다

한 달에 한 번 한번

납기일 지난 비행기가 켜켜이 쌓인다
한 달씩 나이 먹는 연체료는 다음 달 날개에 붙어서 온다
제멋대로 올리는 요금에 호갱이 된 지 오래

주소가 세세하게 적힌 종이비행기 다시 날아들면
형광등은 전원이 깜박깜박 눈앞이 캄캄하고
가스 불은 문 두드림에 깜짝 놀라 숨길을 껄떡인다

*OCR: 광학식 문자 판독 장치(optical character reader 광학식 문자 해독 장치)
**호갱: 뭔가 어수룩해서 이용하기 딱 좋은 그런 손님을 뜻하는 신조어

꽃주름

틱

모든 잡음 뒤로하고 몸 찌르듯 두드리는 금속성의 거친 소리에 놀라다

팃

멀리 온통 검은 복장의 할머니 보인다 저 할머니 고무마개 닮은 알루미늄 뼈대 목발로 지구의 각질을 두드린다 한 손은 허공을 걷고 세 발은 땅을 걷는다

탁

시선은 정면을 향해 일직선으로 걷지만 사방에 소리를 흘려보낸다 목적지를 향해서 두드리는 거침없는 행보 지구의 중심을 찌르며

톡

아침 머리를 깃 속에 밀어 넣는다 솜털 가득히 덮인 겨울목련의 꽃봉오리를 생각한다 입김이 따듯해지면 꽃봉오리 열리고 꽃잎은 나비되어 날아가리

지나치는 나를 꽃주름 할머니 힐끔 바라본다

마음

가만히 앉아 쌓인 먼지를 바라본다
마음에 그리움 털어내는 법 몰라
가만히 앉아 바라본다

평화

고양이 아지랑이 두르고 꾸벅꾸벅 조는 소리가 듣고 싶어요

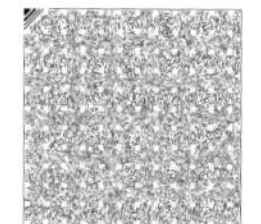

아이스케끼

첫발 내딛자 코에서 종소리가 울린다
겨울 속에서 지내다 보니 차가운 년 되었다
흰 치마 들춰볼 때마다 싸늘하게 돌아서는 바람
수박 한 쪽 먹자고 끌어내렸고 자꾸 들출 때마다 징징거린다
덜덜 떨고 킁킁대고 부르르 떨며 새벽엔 더 큰 신음으로
이십 년 된 이백삼십 리터 용량의 흰색 몸통이 운다
이십사 시간 삼백육십오 일을 스무 번이나 살아냈다
기사를 불러야 할까 이젠 바꿀 때가 되었나
신제품 출시마다 덩치가 커지고 몸값이 천정부지다
덜먹고 힘 잘 쓰니 일등급이라지만 데려오기가 망설여짐은
몸에 걸맞은 집과 자리를 달라고 덤비기 때문이다
팔백 리터가 넘고 도도하고 심플한 북유럽의 몸매
탈취기와 디지털로 무장하고 일등급의 전기로 치장했어도
이십 년 전 맨 앞줄에 배어 있는 그 냄새의 의미를 알까
향기는 더럽고 매혹적이다
한여름 무더위를 씻어줄 겨울 몸뚱이
나의 일부가 되어버린 너에게 오늘도 아이스케끼를 한다
바꿔야 할 때가 되었어도 버리지 못하는 건
함께한 추억이고 식구이기 때문이다

주차구역

낙엽이 낙엽 위에 쌓이고 바람이 낙엽 위로 쌓이고
비정규직이 비정규직 위로 쌓이고 이력서가 또 쌓이고
바람이 불고 회색 구름이 장애의 표식에 그림자를 만들 때
짙은 갈색 잎 내려 원형 휠체어에 긴 입술을 만들었다
돈다발 같이 떨어지는 그 낙엽이 은하계가 되고
주차구역 아래 들숨과 날숨 사이에 붙어사는데
가을 단풍이 누워있는 휠체어에 떨어져 별 같은 눈 되는 날
장애가 없는 자의 주차는 마음을 단풍만큼씩 오려낸다
여기는 장애인주차구역

맥놀이

전용숙

《창조문학》 신인상 등단

맥놀이창작동인회 회원

예촌문학 동인회 회장

사랑방시낭송회 회원

시마을 회원, 한국문인협회 회원

시집 『날』

조용한 4월은
꽃으로 말하고
꽃잎은 바람에 말한다
나는 4월 속을 거니는 바람

삼일절 대한민국 외 9편

전 용 숙

밤의 살을 발라낸
앙상한 그 아침의 뼈대
바람 휘청이던 몰골들
만세춤을 출 줄은 몰랐다
어깨동무에 뛰는 발들 사이로
검은 치마가 보이고
흰 두루마기가 보이고
아, 일본의 총구가 보였다

간절함이 바람이었을까
바람의 간절함일까
대한민국의 시린 등
그래도 사는게 아닌
살아내야 하는 이들을 아는
어미같은 대한민국의 가시 손
쓰다듬지도 못하면 그저
울었다

어렵잖게 제 속을 다 보이는
단순한 이 나라의 순박
복닥거리는 속앓이들이
여기저기 무덤을 만들고
그래서 속 태우는 대한민국
어이할꼬 어이할꼬
한번 안아보자
큰 어깨 내게 기대고
이 밤만이라도 편히 잠들게
자장자장 대한민국

수종사

인생 같은 각도를 꺾어
오르고 또 오르고
절 마당에 마음을 풀었다

가쁜 한숨들
여기저기 굵은 기둥으로 자라
보지 못한 건물로 우뚝
하늘의 여백을 채우고

하산 서두르는 햇살
동무가 되어야겠다며
올라올 때 마음은 벗어두고
그저 등 따스운 곳으로

가자 가자
마음을 가림해 준 햇살을 밟고
땅 아래 온 길을 되돌아간다

그리하여 그들은 · 1

고무신 공장은 멀지 않다고 했다
아픈 어머니 약 살 생각에 두려움도 잊었던 그 날
아껴둔 분홍치마는 꺼내 보기만 하고

차의 흙먼지가 얼굴을 때렸다
모르는 얼굴들이 똑같다

그 기억은 잠잘 때 매일 꿈으로 찾아와
사내냄새 씻는 손등 여름에도 얼었다
만날 또 만날 얼어갔다

둔덕처럼 드리운 과거라고 돌아보지 말라 하고
곱지 않은 과거라고 액자에 넣어 걸지 말라 하는

그리하여 그들은 뼈아픈 신음으로 잠 못 이루고
트럭에 오르던 그 기억 매일 깨고 또 자고
새벽 또 한 방에 불이 들어왔다

그리하여 그들은 · 2

늘 끝은
그리하여 그들은 잘살았다
그랬을까

들어가지 못하는 대문 앞
발 떼지 못하는 동구 밖 느티나무 앞에서
줄을 메고 숨을 메던 이들

누구 하나 손 내미는 이 없는
무시 보는 꽃자리 스스로 일어나 바람을 잡고
가자 가자

아, 꽃잎으로 떨어지도록
나는 무릎을 꿇고 빈다

그리하여 그들이 살았다고 하게
수요일 보라색 시간쯤은 잘 살게
머릿속에라도 살아 숨 쉬게

활짝 열린 고향 대문 안으로 들어가
그리하여 그들이 남은 시간 잘 살다 가게
무릎걸음으로 지키지 못함을 빈다

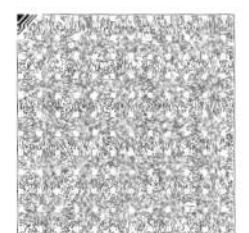

화로

화로가 차지한 아랫목
주전자 속 술은 날마다 데워져
험한 손 흰 어깨 내려놓는 반주
들며 날며 한 모금 나이를 먹고
겨울은 술 데우려 하루를 산다

나뭇단 등짐 진 해 질 녘
꺼져가는 화로 위
식어가는 남은 술 한 모금
마저 먹어야지 잰걸음
산길을 탄다

겨울을 나는 화로는
뜨겁게 사람 마음도 데워
힘들지 말라고 추워하지 말라고
빠르게 내려앉는
저녁을 버티려 한다

새 술 데울 빨간 숯이 들어올 때까지

비 오는 날 비둘기

무자비하게 깃털 사이로 밀려드는 빗물
차마 날아오를 용기도 갖지 못했다
말짱한 눈치는 노숙의 빈틈으로
비척비척 걸어 들어가 임자를 찾지 못한 자리
젖은 날개를 털다 눈독 들이던 새우깡 봉지
잠든 이의 곁에 놓인 전리품
까닭 모를 서러움에 구르륵구르륵
언제부터 밀려났는지 모를 먼 데 그곳을 그리다
깨어나지 못한 취객 날지 못하는 날개
비둘기 더는 갈 곳 없는 다리 밑
재개발 전단지를 깔고 앉았다

마당 넓은 집

1

욕심껏 들여놓은 햇살에 배부른 네모 땅을 돌아 부엌 쪽문 밖 장독대 감나무 곁 토마토 주렁이던 뒤란 그늘만 가득한 길엔 서러움 한 무더기 이끼로 자라 초록초록 날을 키워 갔었지 마당만큼 넓은 치마폭 그늘 없이 내딛던 일부자 할머니 서러움은 뒤란 쪽마루 담뱃대에 담아 세월을 날리며 여자 여자가 함께 아들바라기를 하던 곳

2

장날 아침 세월을 묶은 허리끈 머리 위 곡식섬은 자존을 누르고 살아남으려는 몸부림은 쉬지 않는 발길로 고개를 넘고 모퉁이를 돌아 다시 개울을 건너 끝끝내 마당 넓은 집 마당에 돌아올 때 바라던 건 누룽지 강냉이에 빨간 운동화 할머니가 향하는 곳은 마당을 지나 뒤란 쪽마루 긴 담배 연기에 노을이 타던 그날 쪽머리에도 노을 물들다

3

마당 넓은 집 우물 곁 분꽃 피던 날 서러움 위로하려 일찍 피는가 분꽃 보는 눈길 고왔던 나날 마당이 메워져 그늘 없어진 햇살 가득한 거실이 된 마당 할머니 몸 둘 곳 몰라 구석구석으로 들고 있던 담배도 주인을 잃었다 하늘 넓은 집자리 이제야 그늘 없다고 숨지 않는 몸 좋아라 옥색 치마저고리 날리는 그날 아침 할머니 목소리

넓으면 뭐하누 몸뚱이 하나 있을 데 없는데

주문을 외다

전설을 걸어놓은 그 가슴 언저리
더이상 두근거림 만질 수 없어
괜찮아 잘 참았어
한 번 더 더듬더듬 읊조리는
그래 그만큼 단단해지게

목소리 대신 등 두드리는
나직한 돌림의 다짐
내 입으로 주문을 외다
그래 그래서 너를 믿는다

이제는 들을 수 없는 말
그래 너라서 이만큼 한 거야
그래서 주문 외듯
그렇지 나니까 이렇게 한 거야

가을볕

가을에는 볕도 바쁘다
새벽부터 채근하는 할머니
뿌연 안개 걷어 내며 푸실푸실 자리를 펴
오방색 갖가지 널어 말린다

마대 사이사이 꼼꼼한 뒤적임
쪽마루 끝에 앉은 시선
점심도 걸러가며 감시망 촘촘해
그늘도 아까워 혀를 찬다

쉼 없이 쏟아 낸 볕 부스러기도 없어
힘에 부쳐 붉어진 얼굴
할머니 손 뿌리치는 노을빛
휴일도 없는 노동에
달아나는 얼굴이 붉다

4월의 소리

소리 없는 색들의 침입에도
소리 없이 참기만 하는 4월 하늘은 그저
봄을 기르는 손가락 바람결 싸안아
꽃잎 날리는 4월은 소리 없는데
세상은 4월에 아우성이다
새순을 내는 나무도 조용하고
하룻밤에 번져가는 개나리도
소리 없이 색의 영토 늘릴 줄 아는데
꽃소리 함성에 묻힌 4월의 눈물
소리 없이 바다로 들로 나뭇잎 위로
그리고 가슴에 잊지 못할 응어리
버리지 말라고 적시며
손가락 사이 4월을 날린다

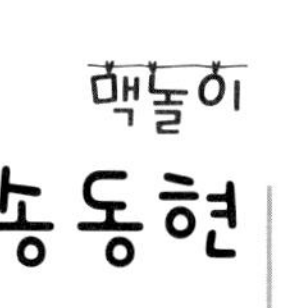

2001년 시집 『꿈을 펼쳐!』로 작품활동 시작
맥놀이창작동인회, 사랑방시낭송회 회원
도담도담한옥도서관 시창작교실 강사
북디자이너, 도서출판 담장너머 대표
시집 『꿈을 펼쳐!』, 『사랑水』

어디 있을까
친구들이 숨어서 보고 있을까
그 친구들 다 어디로 갔을까
끝낼 수 없는 숨바꼭질

숨바꼭질 외 9편

송 동 현

꼭꼭 숨어라 머리카락 보인다 하나 둘 셋 넷…… 여얼 밝은 빛이 화악 밀려온다 저기 미루나무 등걸 뒤에 있을까 까슬까슬한 블록 담장 모퉁이 길을 돌아가면 있을까 양철 대문 녹슨 구멍으로 보일까 나뭇단을 엮어 만든 뒷담으로 가면 있을까 멍하니 서 있다 어디로 갈지 모르고 그냥, 서 있다 그대로 멍하니 술래이기를

엇그제 술래에게 잡히지 않으려 색 바랜 항아리를 밟고 부서져 가는 블록 담장을 넘으려다 깨트린 항아리 뚜껑 엄마는 아직 보지 못했나 보다 내일이면 들킬까 아니면 모래 들킬까 어쩌면 영원히 감춰질지도 모르지 파랗게 하늘이 내려다보고 있다 높이 날던 잠자리가 멈춰선 경운기 브레이크 손잡이에 앉았다 빨간 고추잠자리

어디 있을까 친구들이 숨어서 보고 있을까 그 친구들은 다 어디로 갔을까 새벽이니 자고 있겠지 잘 살아가고 있겠지 살아가기 힘들어 연락이 오지 않는 걸까 자취방에 앉아 김치찌개에 참치통조림 하나로 얼큰하게 취해가던 술래들은 어디 있을까 꼭꼭 숨어라 머리카락 보인다 하나 넷 셋 둘…… 하나 그래 하나 혼자 구르는 소주잔

신호등

시간도 취해 집으로 간 텅빈 길
터덜터덜 걸어도 주머니 속에 잡히는 건
담배 한 가치 입에 물고 불을 붙인다
차들도 없다 파란 사람이 깜박인다
기다린다 차들도 없는 사거리

사람들이 우르르 나를 앞서가도 따라갈 수 없다

발이 붙었다 길 건너 친구들이 불러도
빨간 사람이 서 있으면 어쩔 수 없다
혼자 남아 바보가 되어 그들이 부러워도
파란 신호등이 아니면 건너지 않았다
내 손을 잡은 어머니는 단 한 번도

크레파스

엄마, 내가 제일 잘 그려서 칭찬받았어
잘했네 잘했어, 근데 여기 하늘색이 다르네?
으응, 친구꺼 48색 빌렸어 대따 좋아
네 걸로 더 잘 그려야 제일 잘하는 거야
…… 응, 알았어
앞으로도 엄마가 못 사줄지 몰라
괜찮아 더 잘 그릴 수 있어

닳고 부러지고 없어진 열두 자리
색을 만드는 방법을 가르쳐주셨다

더 네모난

또 하루를 벗는다 하나씩 벗어놓고 먼지를 씻어내면 열기에 몸을 맡기고 눈을 감는다 아들 친구 학생 나를 벗겨내며 네모난 교실 더 네모난 교과서 탈출을 감행한다

빨간 밍크이불 더 빨간 다라 하얀 비누 거품을 밟고 뛸 때 너무나 파란 하늘 개울로 들어간다 꼬마는 옷도 필요 없이 춤을 춘다 환하게 웃는 엄마는 큰 바위만큼 쌓인 빨래들이 힘들지 않나 보다 꼬마가 심심해질 때쯤 아빠도 싱글싱글 걸어온다 번쩍 들어 올린다 파란 하늘 바람에 흔든다 꼬마를 핑계 삼아 물속으로 들어간다 놀이가 한참일 때 이불은 묵은 때를 다 흘려보냈다 가족 모두를 감싸주는 큰 이불 물을 꼭 짜기는 아빠도 쉽지 않다 무거워진 다라는 아빠 몫이다 물에 젖은 꼬마는 엄마 몫이고 등에 업힌 꼬마는 여름이 덥지 않다

탈출을 감행한다 네모난 사무실 더 네모난 컴퓨터 사장 시인 디자이너 나를 벗겨낸다 쏟아지는 물줄기에 눈을 감는다 한 줄기 잡아본다 오늘 또 오늘 또 하루를 입는다

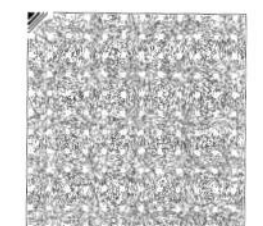

나기를 걷는다

나기를 입는 날 소나기가 오면 걷고 싶다
옷 젖는다는 엄마의 불호령보다 내리는 비가 더 좋다
두두둑 떨어지다 좌르르 햇빛 가리개가 펼쳐지듯
세상의 시선을 가려주고 신발은 물속에 잠긴다
달려도 좋지만 걸어야 물러지는 흙이 밟혀 좋다
온몸이 젖어 떨어지는 방울방울이 느껴지기 시작하면
하늘을 한 번 올려다보고 노래를 불러도 좋다
주머니 속 담배 한 가치 젖지 않고 버티고 있으면
챙 넓은 모자 밑 나만의 호사를 누리기 위해
라이터의 심장이 멈추지 않게 젖은 손은 조심하고
깊게깊게 숨을 들이 쉬어야 한다 단번에
나기를 벗어 든다

나기를 입고 소나기를 맞을 수 없다
어른이라는 이름으로 미친놈이 될 수 없으니
사람들의 시선이 걱정되어 다시는 누릴 수 없다
우산이 없어 어쩔 수 없는 듯 맞고 싶지만
편의점에 널린 우산 하나 데리고 올 수 없는 주머니
지하철역까지 마중을 나와 줄 사람 하나 없다는 것
들통날까 두렵다 의연한척 비를 맞을수록 초라해진다
담배 한 가치 물면 더더욱 어깨는 처질 것이다
안다 너무 잘 안다 알기에 할 수 없는 일이 많아진다
그러기에 어른이다 어른이기에 그럴 수 없다
반바지 민소매 운동화를 신고 운동에 미친 척
소나기와 걷는다

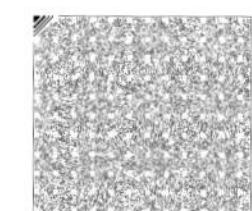

손끝에서

티끌이 묻어날까
기름때 묻으면 안 지워질까
다칠까 무서워 애지중지 찾을 때는 언제고
일 끝났다고 돌돌 말아 휙 집어 던져
청계 7가 하수구 위에 구른다
젠장, 소모품이래도
한 번쯤은 더
찾아주지

악, 소리 질러도
누구 하나 쳐다보지도 않는다
온몸이 너덜너덜해지도록 지켜주고 싶었다
언제까지나 곁에서 지켜주고 싶었다
집착이라 해도 지켜주고 싶었다
지켜주고 싶었다
그러고 싶었다
하나둘

나 같은 쓰레기
투덜댈 수도 없다 변할 것 없는 것처럼
보드라운 벙어리장갑으로 태어났으면 했다
폼 좀 잡는 가죽 장갑이었으면
빨간 고무로 덧댄 목장갑
오늘 하루, 두어 시간
몫은 다 했다
손끝에서

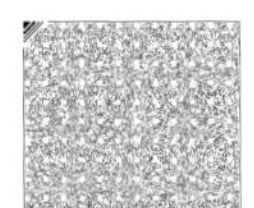

붉은닭레시피

톡톡 끊어 토막을 낸다
푹푹 끓여 기름을 걷어내고
아니, 아예 끓는 물을 몽땅 버리고
새물을 붓는다 그럴 수 있다면
모두 버리고 새물을 붙는다
느끼한 원칙이 싫다

다시 끓을 때까지 바쁘다
실한 감자를 큼직하게 잘라 넣고
양파 대파 매운 고추 빨간 고춧가루 듬뿍
잡내를 잡는다 그럴 수 있다면
설탕은 조금 항아리 고추장 엄마손맛
깊이를 찾아야 한다

tip_ 설탕 범벅 대기업 고추장
달다고 쩝쩝대면 몸보신은 망친다
기름진 물 버리고 새물로 바꿔야 한다
꽁지라도 자르자 그럴 수만 있다면
아침인척 울어대는 시끄러운 닭을 잡자
내일에 대한 예의다

첫눈

필요 없다
그녀 닮은 편지지
마음을 전할 까만 펜
못생긴 글씨 하얀 밤을 잊었다
떨림도 어느 순간 찾을 수가 없다
봉투 입을 막고 우표 한 장 붙이던 시간

88만 원짜리 할부인생, 와이파이를 찾는 스마트폰
'1' 이 없어지기를 눈과 손이 촉을 세운다

더는 필요 없는 것들이 많아지며
그녀를 닮은 편지지와 함께
첫눈의 허망한 땅 디딤
손끝에 사르르
내일도 첫눈
필요 없다

구절초

-송곳

하얀 꽃잎 예쁘다고 꺾지 마세요
꺾어 놓고 예쁘다고 하는 그 말, 더 싫어요
많으니 이쯤은, 조금은 괜찮다고요?
내 전부를 꺾고 조금이라고요?
허리가 잘려 힘겨워하는데 꽃잎만 보이나요
꽃잎만 나인가요? 뿌리도 나거든요
꽃잎만 예쁜가요? 예쁘다고요?
차라리 죽이고 싶었다고 말하세요
바람에게 파랗게 모두
모두 다, 다 주고
가게요

잔

반만 채우자 딱 반만
넘치는 것은 내 것이 아니니
어차피 조금밖에 갖을 수 없다
바꿔야 한다 아니 던져 부수고
다시 만들어야 한다 나를
마셔야만 했던 것들과
마시고 싶은 것

작은 잔에 오늘을 담는다
마실 水 있는
그저

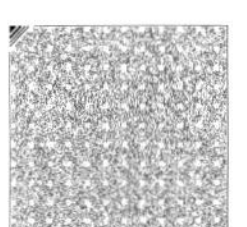

국립중앙도서관 출판예정도서목록(CIP)

붉은닭레시피 / 맥놀이 창작동인회 [편]. -- 서울 : 맥놀이 창작동인회 : 담장너머, 2016
p. ; cm. -- (Over a wall poetry for literary coterie ; 11)

"Voiceye(보이스아이)" 바코드 수록
ISBN 978-89-92392-46-4 03810 : ₩10000

한국 현대시[韓國現代詩]

811.7-KDC6
895.715-DDC23 CIP2016010354

Over a Wall
Poetry for literary coterie
11

2016년 맥놀이창작동인회 제3집

붉은닭레시피

2016년 04월 25일 초판 1쇄 인쇄
2016년 05월 30일 초판 1쇄 펴냄

발행인 | 김재현
발행처 | 맥놀이창작동인회
카 페 | cafe.daum.net/Maengnori

펴낸이 | 송계원
디자인 | 송동현 정선
제 작 | 민관홍 박동민 민수환
펴낸곳 | 도서출판 담장너머
등 록 | 2005년 1월 27일 제2-4102
주 소 | 04626 서울시 중구 퇴계로36나길 19-13, 105호
전 화 | 02-2268-7680, 010-8776-7660
팩 스 | 02-2268-7681
이메일 | overawall@hanmail.net
카 페 | http://cafe.daum.net/overawal

ISBN 89-92392-46-4 03810
값 10,000원

소리로 읽는 책
이 책에는 글을 읽을 수 없는 분들을 위한
점자 · 음성변환용코드가 양면페이지 우측 하단에 있습니다
별도의 시각장애인용 리더기 혹은 스마트폰 보이스아이 어플을 사용하여
즐거운 시 감상이 되기를 바랍니다
voiceye.com

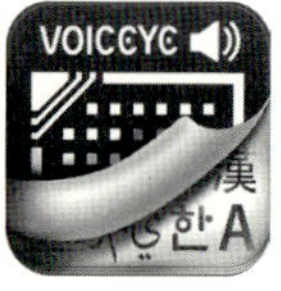

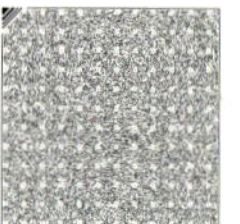